O MUNDO DO
TIRANOSSAURO

O mundo do tiranossauro
Os editores da Catapulta
Título original: *El mundo del tiranosaurio*

Primeira edição.

Catapulta

R. Passadena, 102
Parque Industrial San José
CEP: 06715-864 – Cotia – São Paulo
infobr@catapulta.net
catapulta.net

Coordenação editorial: Florencia Carrizo
Textos: Eduardo Wolovelsky
Edição: Laura Obredor e Camila Ponturo
Design e diagramação: Pablo Ayala
Ilustrações: Diego Barletta
Revisão técnica: Sebastián Rozadilla
Tradução: Ana Paula Girardi
Revisão: Ludmilla Borinelli

Créditos das imagens: p. 56

ISBN 978-65-5551-194-9

Impresso no Brasil em maio de 2025.

O Mundo do tiranossauro / [Editores da Catapulta ;
ilustrações Diego Barletta ; tradução Ana Paula
Girardi]. -- 1. ed. -- Cotia, SP : Catapulta,
2025.

Título original: El mundo del tiranosaurio
ISBN 978-65-5551-194-9

1. Curiosidades - Literatura infantojuvenil
2. Dinossauros - Literatura infantojuvenil
I. Barletta, Diego.

25-270404   CDD-028.5

Índices para catálogo sistemático:
1. Dinossauros : Literatura infantil 028.5
2. Dinossauros : Literatura infantojuvenil 028.5
Cibele Maria Dias - Bibliotecária - CRB-8/9427

© 2024, Catapulta Editores Ltda.

Livro de edição brasileira.

Nenhuma parte desta obra poderá ser reproduzida, copiada, transcrita ou mesmo
transmitida por meios eletrônicos ou gravações sem a permissão, por escrito, do editor.
Os infratores estarão sujeitos às penas previstas na Lei nº 9.610/98.

O MUNDO DO
TIRANOSSAURO

Catapulta
junior

SUMÁRIO

O rei dos lagartos 5

1. O tempo do tiranossauro 7
    Em qual período viveu? 8
    Transformações da Terra 10
    Como era o planeta do *T. rex*? 12
    Como era seu ambiente? 14

2. O *T. rex* e outros dinossauros do Cretáceo 19
    Por que o *T. rex* era o rei? 20
    O assustador tiranossauro 21
    Parecidos com o *T. rex* 22
    Mais curiosos do que o *T. rex* 24
    Outros répteis de sua época 26
    A família do tiranossauro 27

3. O tiranossauro na atualidade 29
    Os segredos entre as rochas 30
    O primeiro fóssil do tiranossauro 32
    A extinção do *T. rex* 34

4. O *T. rex* em profundidade 39
    O rei dos répteis 40
    Comportamento de caçador 42
    Reprodução 44
    A pele do *T. rex* 46
    Parente das aves 47

5. Triviassaura 48

O REI DOS LAGARTOS

Já existiu um animal formidável e tão majestoso em sua aparência que parecia o mais temível, o mais feroz, o mais aterrorizante e o mais assustador de todos os seres que já habitaram nosso planeta.

Tão grande era seu porte e tão imponente era sua pisada que ainda hoje, ao imaginá-lo por perto, sentimos o aterrador tremor do chão. Talvez por isso seu nome seja *Tyrannosaurus rex*, o rei dos lagartos tiranos.

Como um rei, seus movimentos refletiam a força de um caçador invencível que não se sentia ameaçado por nada nem ninguém. No entanto, de repente, algo aconteceu.

Assim como muitos dos maiores e mais poderosos monarcas acabaram sendo derrotados, o aspecto intimidador do tiranossauro não evitou que ele tivesse o mesmo destino.

Há 66 milhões de anos, em um evento extraordinário, o tiranossauro, ou *T. rex*, foi extinto para sempre. Mas o temor e o assombro de sua presença ainda vivem nos ossos dos fósseis expostos nos museus ou nas réplicas que reconstruímos com nossas mãos.

O TEMPO
DO TIRANOSSAURO

EM QUAL PERÍODO VIVEU?

Na Antiguidade, muitos navegantes com ânimo aventureiro embarcaram em missões para atravessar mares tempestuosos em busca de novas terras.

Inspirados por sua audácia, nós também devemos embarcar em uma aventura, mas para atravessar outro oceano, um diferente, que não é formado por água, mas feito de um elemento que não podemos ver nem tocar: uma época passada.

Como se estivéssemos em uma máquina do tempo, navegaremos para um período remoto. Um mundo de ventos mais calmos do que os atuais, com um clima muito mais quente e uma vegetação que nos parece estranha e ao mesmo tempo conhecida, repleta de árvores e samambaias.

Um mundo com numerosos vulcões em atividade e uma atmosfera um pouco diferente da atual, com menos oxigênio. Um mundo onde os continentes estavam mais perto uns dos outros e onde não existia nenhum dos grandes mamíferos que conhecemos hoje, desde o temido leão ao grande elefante, desde a esbelta girafa ao pesado hipopótamo. Um mundo no qual habitava um predador como o tiranossauro.

O MESOZOICO

A época do tiranossauro corresponde ao momento final da era Mesozoica, que se iniciou há 250 milhões de anos e terminou há 66 milhões de anos. Devido ao fato de os dinossauros terem sido os animais terrestres mais notáveis desse período, esse momento é conhecido como "a idade dos répteis".

O período que estamos considerando é muito extenso, por isso é inevitável que vejamos mudanças muito profundas no planeta. Nos quase 100 milhões de anos que ele abarca, muitos animais foram extintos e outros apareceram pela primeira vez. Além disso, os continentes e os mares mudaram suas formas.

Para que possamos entender melhor essas transformações, a era Mesozoica é dividida em três períodos: Triássico, Jurássico e Cretáceo. O tiranossauro apareceu no final do último período.

Triássico: começou há cerca de 250 milhões de anos e terminou há 200 milhões de anos. Em seu início, as terras formavam um único supercontinente, chamado Pangeia, que era rodeado por um extenso oceano, Pantalassa. O grande continente, com sua forma de ferradura, continha o mar de Tétis.

Jurássico: sua origem remonta a 200 milhões de anos e seu fim ocorreu há 145 milhões de anos. Nesse período, o grande continente Pangeia começou a se fragmentar para formar blocos chamados Laurásia e Gondwana. O oceano Atlântico começou a se formar no Norte, ainda que fosse muito estreito se comparado à sua forma atual. O mar de Tétis separava esses dois grandes continentes.

Cretáceo: começou há cerca de 145 milhões de anos e acabou de maneira extraordinária há 66 milhões de anos. Nesse intervalo, a separação dos continentes continuou e fez com que o mundo ficasse cada vez mais parecido com o que habitamos hoje. No final desse período, surgiu o tiranossauro. O Cretáceo terminou com um evento colossal, que abarcou todo o planeta e levou os dinossauros à extinção: a queda de um grande meteorito.

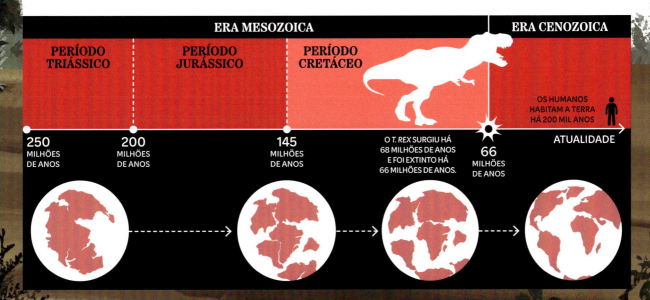

TRANSFORMAÇÕES DA TERRA

Se observamos a superfície atual de nosso planeta, vemos grandes cadeias de montanhas, extensas planícies e grandes rios e mares que se perdem no horizonte. Existem zonas cobertas por gelo, como os polos, outras por uma grande vegetação e desertos muito secos submetidos ao intenso calor do sol. Mas isso nem sempre foi assim. Na Terra, ocorreram muitas mudanças. Algumas demoraram milhões de anos para serem notadas, outras aconteceram de uma hora para outra. Vejamos como isso ocorreu.

MUDANÇAS LENTAS

A Terra é formada por diferentes placas, como se fossem peças de um quebra-cabeça. Cada uma delas se move em relação à outra e muda um pouco sua forma.

Se pudéssemos ver um filme que abrangesse toda a era Mesozoica, veríamos como o lento movimento dessas placas produziu mudanças na posição dos continentes e causou transformações na paisagem.

O movimento dessas peças, chamadas **placas tectônicas**, é o responsável pela fragmentação da grande massa de terra que formava a Pangeia há 178 milhões de anos para formar a Laurásia e a Gondwana. Além disso, esses movimentos moldaram a paisagem e geraram, em muitos casos, os acidentes geográficos, como as cadeias de montanhas.

Tipos de movimentos de placas

1) Divergência

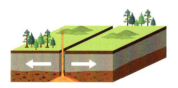

2) Convergência

3) Transcorrência

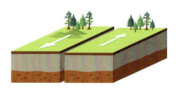

No tempo do tiranossauro, no Cretáceo, Laurásia e Gondwana já tinham se fragmentado e formado outros continentes menores, parecidos com os que conhecemos hoje como América, Europa, África, Ásia, Oceania e Antártida.

A fragmentação dos continentes esteve associada principalmente à **divergência** (1) das placas, que originou a separação em continentes menores. Outros movimentos, principalmente o de **convergência** (2), originaram cadeias montanhosas, como a Cordilheira dos Andes, a Norte-Americana e a do Himalaia. Já o movimento das placas de **transcorrência** (3) estabeleceu fraturas no solo, chamadas de falhas, como a de San Andreas, nos Estados Unidos.

O PODER DOS VULCÕES

Os vulcões são formas inconfundíveis da paisagem, principalmente quando estão ativos. São aberturas na crosta terrestre que têm um conduto para o interior da Terra, de onde, ocasionalmente, brotam lava, gases e líquidos em elevadas temperaturas.

A lava, com sua cor laranja intenso, emerge para a superfície de um momento a outro e arrasa com o que encontra pelo caminho. Ao se resfriar, modela novas paisagens e superfícies terrestres. Por exemplo, a erupção no fundo do mar pode gerar novas ilhas vulcânicas.

No planeta existem regiões que estão cobertas de vulcões, ainda que alguns deles já não estejam mais ativos.

No final do Cretáceo, período em que vivia o tiranossauro, a atividade vulcânica era intensa, muito mais do que na atualidade. É possível que as paisagens se modificassem de uma hora para outra.

Ao longo da história, aconteceram diferentes cataclismos naturais na Terra, desde erupções vulcânicas até terremotos destrutivos e tsunamis. Essas transformações ocorreram com uma rapidez assombrosa.

No entanto, outras mudanças são graduais e demoram muito mais tempo para serem notadas, como o movimento dos continentes e a formação de cadeias montanhosas.

Sejam rápidas ou lentas, as mudanças, em conjunto, vão modificando nosso planeta.

COMO ERA O PLANETA DO *T. REX*?

Há 66 milhões de anos, os continentes tinham uma forma diferente. Alguns estavam mais próximos e outros estavam unidos. Com o passar dos anos, a superfície da Terra foi se configurando como a vemos hoje nos mapas. Mas, se as transformações continuam, como será o planeta daqui a milhões de anos?

No final do Cretáceo, o norte da América estava dividido em dois: Laramidia e Appalachia. Entre eles, existiam corpos de água, que, por meio do movimento dos continentes, se deslocaram, até que, finalmente, o território ficou unido como vemos hoje nos mapas.

Na zona que correspondia a Laramidia, na atualidade, foram encontradas as espécies de dinossauros mais famosas, como o *T. rex* e o triceratops. Isso se deve ao fato de que as condições climáticas e do terreno favoreceram a conservação de seus ossos.

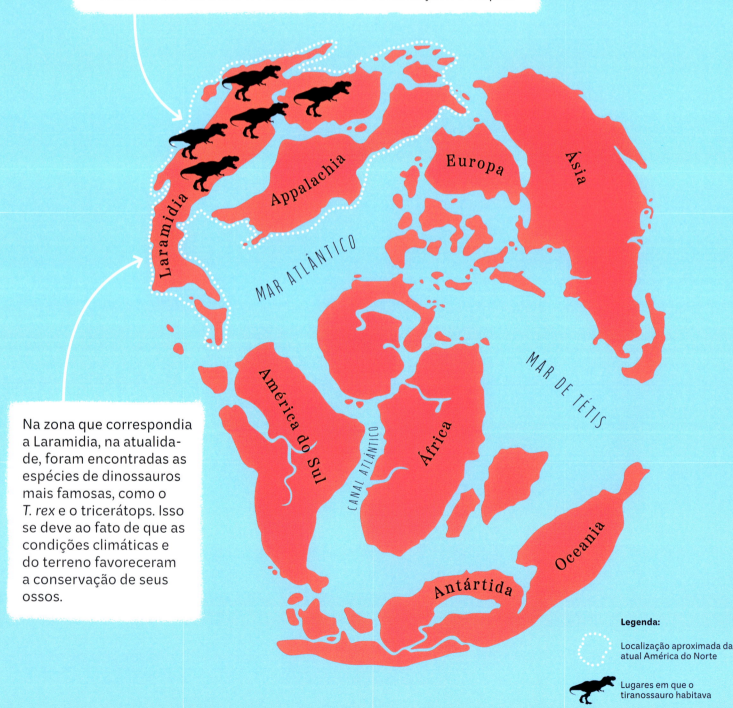

Legenda:

Localização aproximada da atual América do Norte

Lugares em que o tiranossauro habitava

O CONTINENTE DO TIRANOSSAURO

O planeta no qual o tiranossauro vivia é o mesmo que habitamos hoje. No entanto, ele está diferente. Há 66 milhões de anos, os continentes estavam mais próximos uns dos outros, diferentemente de hoje em dia. Se os recortássemos como peças de um quebra-cabeça e os juntássemos, poderíamos montar esse quebra-cabeça. Isso se deve ao fato de que, há 250 milhões de anos, os continentes faziam parte de um só território, o supercontinente Pangeia. Com o passar do tempo e como resultado dos movimentos da Terra, alguns se separaram e outros se uniram, até o planisfério ficar configurado como o conhecemos hoje.

No mapa da página anterior, podemos observar que o *T. rex* habitava o norte da América. Como dissemos, esse continente não estava todo unido como é na atualidade. Por exemplo, a parte norte estava dividida em dois: Laramidia, no oeste, e Appalachia, no leste. Outra diferença que podemos notar é que algumas partes dos continentes atuais, no Cretáceo, estavam submersas e, com o tempo, emergiram como terra firme.

- Quais continentes hoje estão unidos e que, no tempo do tiranossauro, estavam separados?
- Quais territórios da atualidade correspondem à antiga Laramidia?
- Se você comparar o mapa da página anterior com um planisfério, em qual continente o tiranossauro habitava? Esse território manteve a mesma forma?
- Como se chamam hoje os mares que, no passado, ocupava o mar de Tétis?

A ATMOSFERA

Na época do tiranossauro, na atmosfera, ou seja, no ar que envolve nosso planeta, existia mais dióxido de carbono e menos oxigênio. Isso se devia à intensa atividade vulcânica da época, que liberava gases para a atmosfera. Por isso, o clima do planeta era muito mais quente e úmido em relação ao que é hoje, com ventos de pouca intensidade. Além disso, possivelmente os polos não tinham uma grande quantidade de gelo.

COMO ERA SEU AMBIENTE?

VIDA VEGETAL

No mundo do tiranossauro havia plantas, como as samambaias, as cycas e as grandes coníferas. Também existia uma grande diversidade de plantas com flores.

ÁGUA

Grande parte da superfície do planeta estava coberta por água, e apenas uma quinta parte dela era terra firme. Nos polos, é muito provável que não existisse uma grande quantidade de gelo.

ATMOSFERA

A intensa atividade vulcânica produziu um aumento da concentração de dióxido de carbono, que influenciou o clima, tornando-o mais quente.

VIDA MARINHA

Uma das formas de vida dos mares do Cretáceo eram os amonoides, animais invertebrados cobertos por uma concha em forma de espiral. Eles podiam ser tão pequenos quanto uma moeda ou tão grandes como as rodas de um ônibus. Os atuais náutilos, que habitam o oceano Pacífico, são seus parentes mais próximos.

O mundo do tiranossauro era o mesmo que o do tricerátops. Nesta cena, podemos vê-los quietos, mas como teria sido um encontro entre esses dois dinossauros?

O *T. REX* E OUTROS DINOSSAUROS DO CRETÁCEO

POR QUE O *T. REX* ERA O REI?

Júpiter não é apenas um planeta maior do que a Terra, ele também é o gigante do sistema solar. O Amazonas não é apenas o rio mais caudaloso do mundo, ele também é o mais longo, até mais do que o Nilo. Às vezes é difícil percebermos o valor daquilo que vemos no mundo se não o compararmos com elementos parecidos, ou seja, com elementos que tenham certas características em comum e outras diferentes.

Para entender com mais clareza quem era o rei dos lagartos tiranos, podemos comparar suas características com as de outros dinossauros que viveram pouco antes dele ou, melhor ainda, com aqueles com quem o *T. rex* dividiu um mesmo tempo e lugar.

Veremos que alguns dinossauros, embora muito parecidos com o tiranossauro, não conseguiram manifestar a ferocidade do *T. rex*, ainda que fossem mais rápidos e ágeis. Outros, que pareciam ser presas fáceis, escondiam alguma estratégia ou formas em seus corpos, fossem escudos, espinhos ou marretas na cauda, que tornavam o tiranossauro vulnerável.

O ASSUSTADOR TIRANOSSAURO

Quando observamos o esqueleto de um tiranossauro, pode ser que tenhamos a sensação de que ele teria sido um hábil caçador, capaz de surpreender suas presas com discrição e rapidez. Também pode ser que sua mandíbula nos pareça assustadora pela capacidade de devorar suas presas em uma só mordida e que suas patas nos façam pensar que ele tinha uma força descomunal.

Era um animal de grande porte. Existem exemplares dele que chegaram a medir até 13 metros, ou seja, o comprimento de três ônibus parados um atrás do outro, e a pesar cerca de 7 toneladas, o que representa 7 veículos empilhados em uma balança.

O *T. rex* tinha uma cabeça de tamanho grande, seu pescoço era curto e ele se mantinha em pé sobre suas duas extremidades posteriores. Sua cauda robusta permitia a ele equilibrar o próprio peso. Não sabemos com certeza quão rápido ele era, mas, ainda que o imaginemos correndo rapidamente, seu esqueleto e seus músculos sugerem que ele era um animal de andar lento e que alcançava uma velocidade não muito maior do que a de um ser humano trotando.

Sua mordida parece ter tido uma potência extraordinária. Os paleontólogos, que são as pessoas que estudam a vida dos animais que existiram no passado, não conseguiram determinar se ele era apenas um caçador habilidoso ou se também se alimentava de animais mortos ou feridos.

Tyrannosaurus rex
(nome científico)

Alimentação: carnívoro
Tamanho: 13 metros de comprimento
Peso: 7 toneladas
Período: Cretáceo
Território: norte da América
Características principais: tinha a cabeça grande e uma abertura de mandíbula equivalente à estatura média de uma criança de 8 anos.

PARECIDOS COM O *T. REX*

Quando comparamos o tiranossauro com outros dinossauros que se alimentavam de carne e que caminhavam sobre duas patas, podemos entender por que ele é chamado de rei dos lagartos tiranos.

ALBERTOSSAURO

Em um período próximo ao do tiranossauro, viveu no norte da América um dinossauro carnívoro que, quando o observamos, pode parecer menos temível do que seu parente tirano, porque era menor. No entanto, seu porte é digno de atenção: é o albertossauro.

Era um carnívoro que se apoiava em suas duas patas traseiras. Seus braços eram pequenos e sua cabeça tinha um aspecto diferente da cabeça do tiranossauro, por causa do comprimento de suas mandíbulas e dos dois pequenos chifres sobre os olhos, que pareciam colocados ali de maneira artificial.

Por causa de seu peso corporal, que era em torno de 2 toneladas, e pelo comprimento de seu corpo, de uns 9 metros, ele não pode destronar em nossa imaginação o rei dos lagartos. No entanto, o fato de o tiranossauro ter sido maior e mais pesado do que o albertossauro não significa que ele fosse mais hábil. Se compararmos os dois, perceberemos que o tiranossauro não era mais importante ou mais rei do que o albertossauro, já que este levava vantagem na velocidade de deslocamento.

Em resumo, embora fosse menor, o albertossauro era mais rápido e possivelmente caçava em manada, ou seja, em grupo.

Albertosaurus sarcophagus
(nome científico)
Alimentação: carnívoro
Tamanho: 9 metros de comprimento
Peso: 2 toneladas
Período: Cretáceo
Território: norte da América
Características principais: tinha dois pequenos chifres sobre os olhos.
Comparação: era menor que o tiranossauro, mas mais ágil ao se deslocar.

CARNOTAURO

Se viajarmos para o passado, um pouco antes do tiranossauro, e nos movermos para o sul, vamos encontrar um dinossauro singular chamado carnotauro, que significa "touro carnívoro".

Como podemos observar na ilustração, ele era um animal bípede, com braços graciosamente reduzidos. Tinha a cabeça menor em relação ao seu corpo do que o tiranossauro e dois chifres arredondados, que ainda não descobrimos para que serviam. Sua mordida não era potente como a do tiranossauro, mas ele podia abrir a mandíbula de tal modo que era capaz de engolir pequenos animais inteiros. Media aproximadamente 8 metros de comprimento e pesava cerca de 2 toneladas. Era um predador que podia alcançar uma velocidade considerável em distâncias curtas, talvez muito superior à do tiranossauro.

Carnotaurus sastrei
(nome científico)

Alimentação: carnívoro

Tamanho: 8 metros de comprimento

Peso: 2 toneladas

Período: Cretáceo

Território: sul da América

Características principais: tinha dois pequenos chifres sobre os olhos.

Comparação: tinha uma cabeça menor do que a do *T. rex*, mas uma grande abertura de mandíbula que lhe permitia comer animais inteiros em uma bocada.

O albertossauro e o carnotauro parecem ter muitas semelhanças. Por isso, é interessante prestar atenção ao que os diferencia. Por exemplo, ambos tinham pequenos chifres sobre os olhos, no entanto esses chifres parecem ser diferentes em cada um dos animais. Que outras diferenças podem ser observadas entre eles?

MAIS CURIOSOS DO QUE O *T. REX*

Observar dinossauros muito diferentes, seja em razão do tamanho, da plumagem, da armadura ou da alimentação, nos revela por que o tiranossauro é considerado o rei.

VELOCIRAPTOR

Assim como o *T. rex* chama a nossa atenção por seu tamanho impactante, o velociraptor parece nos atrair pelo contrário disso. Esse "ladrão veloz", como é chamado, tinha um corpo pequeno e gracioso, que não chegava a 2 metros de comprimento e pesava apenas cerca de 20 quilos.

Sua dentição não parecia intimidante, mas o mesmo não acontecia com as garras de suas patas. Como muitos dinossauros de seu grupo, ele tinha no segundo dedo uma estrutura em forma de gancho de até 9 centímetros, que podia se retrair como se fosse a lâmina de uma navalha que se fecha sobre seu cabo.

Ele pode ter usado essa garra para imobilizar animais, como fazem muitas aves de rapina, e não para cortá-los.

Seu corpo era coberto por penas que lhe davam uma aparência muito diferente da aparência de outros dinossauros caçadores, mas elas não estavam relacionadas com a capacidade de voar. Então, para que serviam? Acredita-se que as penas serviam, como nas aves, para chamar a atenção do macho ou da fêmea, para intimidar os predadores dos dinossauros ou para manter a temperatura de seu corpo.

> *Velociraptor*
> (nome científico)
>
> **Alimentação:** carnívoro
> **Tamanho:** 2 metros de comprimento
> **Peso:** 20 quilos
> **Período:** Cretáceo
> **Território:** Ásia
> **Características principais:** seu corpo era coberto por penas.
> **Comparação:** por causa de seu tamanho, era quase o oposto do enorme tiranossauro e tinha em suas patas uma garra com gancho de 9 centímetros, com a qual imobilizava as presas.

ANQUILOSSAURO

As diferenças entre o anquilossauro e o tiranossauro não poderiam ser maiores. No entanto, eles eram profundamente ligados entre si. Acontece que ambos viveram na mesma época e compartilharam o mesmo território. O anquilossauro era um animal herbívoro que caminhava sobre suas quatro patas e pesava cerca de 6 toneladas. O que mais o distinguia eram sua "armadura" e sua cauda. A carapaça que cobria suas costas era formada por placas ósseas que proporcionavam uma proteção eficaz contra o ataque dos predadores. A cauda tinha a forma e a potência de uma marreta, que, quando dirigida contra outro animal, podia quebrá-lo ou deixá-lo gravemente ferido. Não era um animal que aparentava ferocidade, mas, sem dúvida, deve ter sido uma presa difícil mesmo para os mais ferozes caçadores.

Ankylosaurus magniventris
(nome científico)
Alimentação: herbívoro
Tamanho: 8 metros de comprimento
Peso: 6 toneladas
Período: Cretáceo
Território: norte da América
Características principais: seu corpo era coberto por placas ósseas pontiagudas.
Comparação: tinha uma cauda em forma de marreta com a qual, em um golpe, podia quebrar as patas traseiras do T. rex e, assim, se defender de seu ataque.

OUTROS RÉPTEIS DE SUA ÉPOCA

Na época do tiranossauro, os mares e os céus eram habitados por enormes répteis, que, embora não fossem dinossauros, costumam ser confundidos com eles. Esse engano se deve ao fato de que muitos dinossauros também eram répteis. No entanto, ao contrário dos dinossauros, ou "lagartos terríveis", esses répteis não tinham as patas dispostas verticalmente por baixo do corpo, mas sim aos lados, como os crocodilos e as tartarugas. Em alguns casos, em vez de patas, tinham asas ou nadadeiras, como as aves e os peixes. Outra razão para essa confusão pode ser o fato de que muitos deles tinham um tamanho grande.

Os pterossauros, como o *Quetzalcoatlus*, tinham uma grande envergadura. Suas asas abertas podiam alcançar cerca de 9 metros e não tinham penas, mas eram compostas de uma membrana que se estendia ao longo da lateral de seu corpo.

A FAMÍLIA DO TIRANOSSAURO

A vida na Terra evoluiu durante bilhões de anos. Desde suas origens, muitas formas de vida foram extintas, embora algumas delas tenham deixado descendentes com novas características. Podemos dizer que cada forma de vida tem uma longa história e uma complexa família de seres que se parecem um pouco. Os dinossauros, como parte dessa história, se diferenciaram de outros répteis há cerca de 245 milhões de anos.

De acordo com a forma de seus quadris, distinguem-se dois grupos de dinossauros: o dos **ornitísquios** (*Ornithischia*), em que estão o anquilossauro e o tricerátops, e o dos **saurísquios** (*Saurischia*), onde encontramos o tiranossauro, o albertossauro e o carnotauro. Dentro dos saurísquios, existe outro grupo, os saurópodes, que são os herbívoros de pescoço longo, como o argentinossauro.

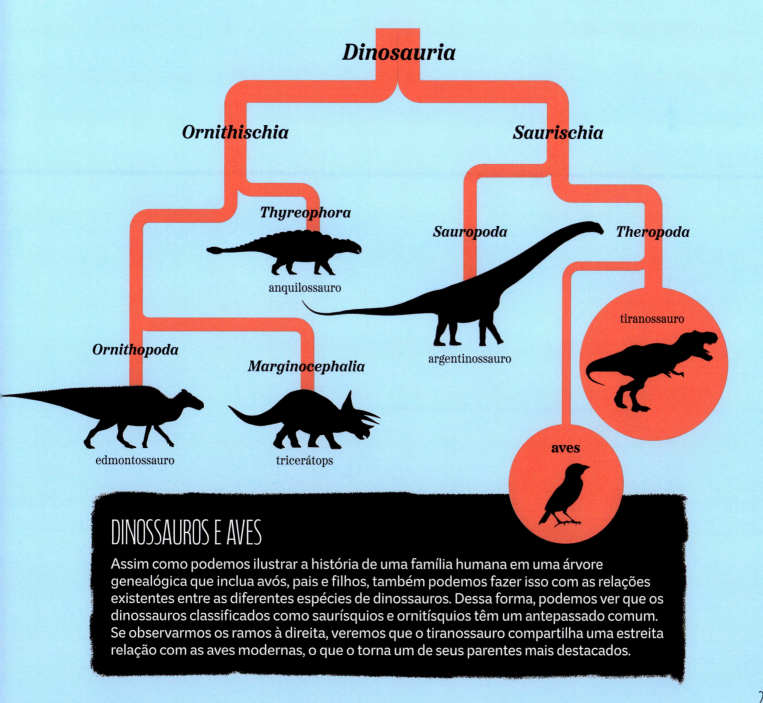

DINOSSAUROS E AVES

Assim como podemos ilustrar a história de uma família humana em uma árvore genealógica que inclua avós, pais e filhos, também podemos fazer isso com as relações existentes entre as diferentes espécies de dinossauros. Dessa forma, podemos ver que os dinossauros classificados como saurísquios e ornitísquios têm um antepassado comum. Se observarmos os ramos à direita, veremos que o tiranossauro compartilha uma estreita relação com as aves modernas, o que o torna um de seus parentes mais destacados.

O TIRANOSSAURO
NA ATUALIDADE

OS SEGREDOS ENTRE AS ROCHAS

A Terra é como um livro antigo que guarda histórias e segredos. No entanto, as páginas de nosso planeta não são de papel; elas são feitas de rochas empilhadas umas sobre as outras, as mais novas sobre as mais antigas. As rochas guardam, na forma de fósseis, a memória dos seres vivos que existiram no passado. Descobrir fósseis, desenterrá-los, estudá-los e classificá-los é o trabalho dos paleontólogos. Eles são os sagazes observadores do planeta que entendem os sinais escritos nas montanhas, nos penhascos e nos desfiladeiros.

Por isso, quando o paleontólogo norte-americano Barnum Brown encontrou os primeiros ossos fósseis de tiranossauro, em 1902, ele tinha escolhido investigar, especificamente, rochas que tinham 68 milhões de anos, e não outras quaisquer. Foi como abrir um livro, ver o sumário e ir diretamente para a página que nos interessa. Claro que ele não imaginava o que encontraria ali; ele foi apenas investigar fósseis de determinada época. Isso é o interessante: ele não sabia que encontraria o temível tiranossauro entre as rochas.

COMO UM FÓSSIL É FORMADO?

Os fósseis são restos ou sinais que evidenciam a vida no passado, por exemplo ossos ou pegadas de animais ou vegetais. Os fósseis ensinam a evolução dos seres vivos e nos ajudam a entender como pode ter sido sua existência. Nos últimos cem anos, os paleontólogos encontraram muitas dessas evidências. Mas é muito difícil que os restos de um animal se transformem em fósseis. Pensemos por um momento no tiranossauro. Para que alguns de seus restos cheguem até nós, o animal precisa ter morrido perto de um lago, rio ou outro corpo de água para ficar coberto por camadas de barro ou areia, de modo que, com o tempo, outras camadas se depositassem por cima dele, comprimindo as de baixo até torná-las mais duras e compactas. Os ossos dos tiranossauros, presos nas rochas, são substituídos por minerais que copiam até o menor detalhe da forma do osso original. A aventura não termina aqui.

Sabemos que a Terra é formada por placas que podem colidir e dar origem a montanhas, as quais, pela ação do vento e da água, se desgastam. Após milhões de anos, partes dos fósseis que estavam enterrados podem ficar expostas e ser detectadas pelo olhar aguçado dos paleontólogos.

 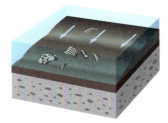 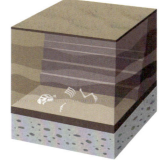 

1) Morre um animal perto de algum lago, rio ou outro corpo de água.

2) Seus restos são cobertos por camadas de areia e barro. Pouco a pouco, a pele e os músculos do animal se desintegram.

3) Os restos do animal são substituídos por minerais para dar origem a uma cópia, que chamamos de **fóssil**. Esse mesmo processo de conservação pode ocorrer também nos troncos e nas árvores.

4) Os restos fossilizados permanecem resguardados embaixo das camadas de rocha até ficarem expostos por causa dos movimentos da Terra, da ação dos ventos, do trabalho da água e das escavações.

MONTAR UM ESQUELETO

Depois de desenterrar os fósseis, os paleontólogos trabalham para identificá-los com precisão, embora as peças geralmente sejam encontradas fragmentadas e muito incompletas. É como montar um quebra-cabeça de que faltam muitas partes, algumas delas quebradas ou partidas. Por isso, as reconstruções dos dinossauros podem mudar um pouco com o tempo, a partir de novas descobertas.

O PRIMEIRO FÓSSIL DO TIRANOSSAURO

No oeste dos Estados Unidos, numa época em que pistoleiros e bandidos eram perseguidos pelo xerife da cidade, muitos paleontólogos se dedicaram a buscar fósseis. Às vezes não o faziam com muita amabilidade. Alguns deles brigavam tanto quanto podiam, competindo para ver quem encontrava a maior quantidade de esqueletos.

Os paleontólogos norte-americanos Charles Marsh e Edward Cope batalharam em uma única e lendária "guerra dos ossos". Apesar dessa luta desajeitada, conseguiram grandes descobertas, como o estegossauro e o alossauro. No entanto, mesmo com tanta disputa, nenhum dos dois conquistou a fama pela descoberta de um tiranossauro.

Foi em 1902 que Barnum Brown encontrou os primeiros sinais claros do rei dos lagartos tiranos. Alguns anos depois, em 1906, ele encontrou um esqueleto em melhores condições, que pôde ser montado no Museu de História Natural de Nova York. Naquela época, os jornais anunciaram que estavam diante do mais temível dinossauro caçador já conhecido.

Os anos se passaram e novos exemplares foram desenterrados. Em 1990, foi encontrado um fóssil quase completo de *T. rex*. Ele foi chamado de Sue, em homenagem à sua descobridora. Um ano depois, no Canadá, surgiram os restos de Scotty, que é até hoje o maior tiranossauro de que se tem notícia.

Há 66 milhões de anos, o mundo inteiro mudou de uma forma única. Os dinossauros, que dominavam a paisagem terrestre, foram extintos, assim como os pterossauros, que eram grandes répteis voadores. Nos mares, os abundantes amonoides ficaram na memória e chegaram até nós apenas como fósseis. O que aconteceu para que todos os cenários da Terra se alterassem de maneira tão profunda?

A COLISÃO DE UM COMETA

A Terra recebe constantemente material rochoso proveniente do espaço, meteoritos de diferentes tamanhos e fragmentos menores. A maioria deles se desintegra ao entrar na atmosfera, criando um grande espetáculo: o das estrelas cadentes. Mas o que aconteceria se um objeto maior colidisse com a Terra?

No México, há uma enorme cratera com cerca de 180 quilômetros de largura que se formou na mesma época em que muitos dinossauros desapareceram. Com base em investigações científicas, sabemos que ela se originou quando um asteroide impactou o solo terrestre e liberou tantos restos de rocha e poeira que cobriram todo o planeta. Isso impediu a chegada da luz solar e provocou o inverno em toda a Terra. A partir dessa situação, grande parte dos seres vivos foi extinta, incluindo a maioria dos dinossauros.

As aves, que são descendentes dos dinossauros, e alguns outros animais sobreviveram e deram origem a uma grande diversidade de espécies, que se encontram nos lugares mais remotos do planeta, nos pontos mais altos das montanhas e até no extraordinário mundo azul dos mares.

A CRATERA DE CHICXULUB

Na península de Yucatán, no México, um grupo de geólogos, cientistas que estudam a composição da Terra, estava buscando fontes de petróleo quando encontraram, por acaso, uma enorme depressão, ou afundamento, na superfície. Após várias investigações, descobriram que ela era parte de uma enorme cratera, que indicava a zona de impacto de um meteorito que teria colidido com a Terra no final do Cretáceo.

Ao analisar a idade das rochas dessa cratera, conhecida pelo nome de Chicxulub, os geólogos descobriram que elas datavam de cerca de 66 milhões de anos, o que coincide com a época em que os dinossauros foram extintos. Como prova adicional do impacto, foram encontrados vestígios de irídio em sua composição, um elemento característico da composição de meteoritos e asteroides.

O T. REX EM PROFUNDIDADE

O REI DOS RÉPTEIS

O tiranossauro é um dinossauro e, portanto, também um réptil. Mas nem todos os répteis foram dinossauros. Na verdade, nenhuma das espécies que existem hoje, sejam tartarugas, crocodilos, iguanas ou lagartos, é dinossauro. Para entender essa diferença, devemos observar a disposição das patas e conhecer o deslocamento dessas espécies.

Os outros répteis, como o crocodilo, têm suas patas dispostas nas laterais, de tal forma que se abrem para os lados do corpo. Já os dinossauros tinham as patas abaixo do corpo e se erguiam sobre elas.

A disposição das patas não é uma diferença pequena, mas sim uma grande vantagem para a vida no ambiente terrestre. Os dinossauros se expandiram pelas mais diversas paisagens da era Mesozoica. No entanto, quando o mundo mudou, foram os répteis da família dos crocodilos e das tartarugas, ou seja, os que tinham as patas nas laterais, que sobreviveram. A história da vida na Terra é ao mesmo tempo inesperada e interessante. Por que apenas alguns répteis sobreviveram após o choque do asteroide? Essa é uma pergunta difícil a que os cientistas tentam responder por meio de novas pesquisas.

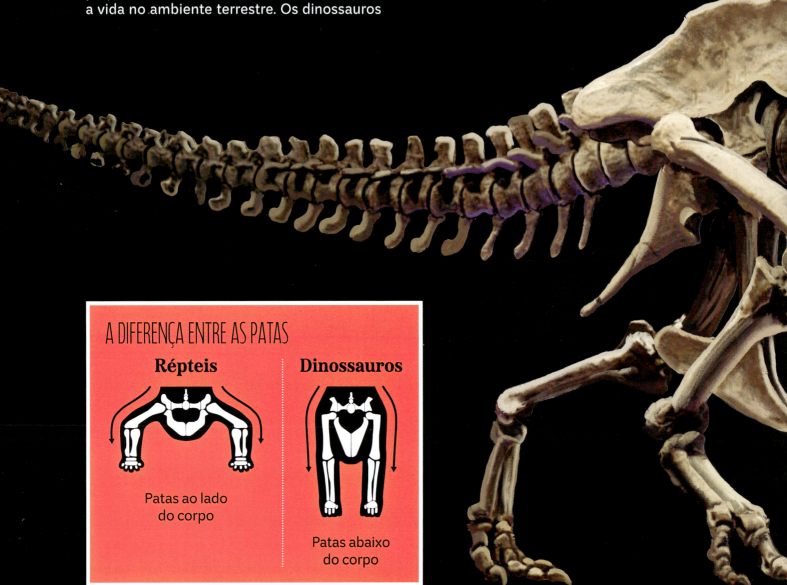

A DIFERENÇA ENTRE AS PATAS

Répteis — Patas ao lado do corpo

Dinossauros — Patas abaixo do corpo

MÚSCULOS E ESQUELETO

Sabemos que o tiranossauro era um animal bípede, que se apoiava sobre suas duas patas traseiras, e seu corpo tinha algumas características particulares.

Ao observar seu esqueleto, chama a atenção o tamanho de seu crânio, compensado por uma cauda robusta que lhe permitia equilibrar o peso.

O *T. rex* não apenas tinha grandes músculos nas patas e nos quadris, mas também no pescoço e nas mandíbulas. Ele podia ter uma mordida poderosa, tanto que provavelmente era capaz de triturar alguns dos ossos de suas presas. Igualmente poderosos eram os músculos de seu pescoço curto, que o ajudavam a sustentar sua imensa cabeça.

BRAÇOS

Seus braços estendidos mediam aproximadamente um metro. Eram pequenos em relação ao seu corpo. Mas os cientistas ainda hoje se perguntam: qual era a sua função? Embora fossem curtos, tinham dois dedos em forma de garra e músculos que lhes confeririam certa força. Acredita-se que serviam de alguma forma para sustentar a fêmea durante o acasalamento ou para ajudar a se levantar. Uma ideia bastante interessante sugere que seus pequenos braços davam a vantagem de evitar serem mordidos por acidente quando vários tiranossauros caçavam e rasgavam uma presa. As dúvidas e os debates continuam.

41

COMPORTAMENTO DE CAÇADOR

Devido à forma de seus dentes pontiagudos e afiados, não podemos duvidar de que ele era um animal carnívoro. Embora não possamos saber se caçava sozinho ou em grupo, é possível que vários indivíduos se reunissem depois que um membro conseguisse sua presa.
Seus troféus alimentares deviam incluir os hadrossauros (dinossauros com bico de pato), os ceratopsídeos (dinossauros com chifres) e os anquilossauros (dinossauros com couraça).

Temos dúvidas sobre sua destreza como caçador, pois seu imenso corpo lhe dava um enorme poder, mas o tornava lento e visível para suas presas.

ALGUNS QUESTIONAMENTOS

Para os cientistas, é difícil precisar o interior do *T. rex* porque as estruturas moles e os tecidos, como a pele e os órgãos, não se preservaram, apenas os ossos foram encontrados fossilizados. No entanto, com base nas observações dos ossos e no desenvolvimento de outros animais que existem atualmente, é possível deduzir algumas questões.

Como acontece com todos os répteis, sua respiração era pulmonar, e seu coração deve ter sido um órgão muito potente para poder bombear o sangue por todo o seu imenso corpo.

As aves e os mamíferos podem manter uma temperatura constante em seu corpo, independentemente das variações que ocorrem no ambiente em que vivem. Nos répteis atuais isso não acontece, e a temperatura interna varia de acordo com o que ocorre no ambiente em que habitam. Por isso, é comum ver lagartos e serpentes aquecendo seus corpos ao sol. Ainda não sabemos se o *T. rex* regulava sua temperatura corporal, porém é possível que ele tivesse algum mecanismo para conservar o calor em seu corpo, ainda que não fosse tão eficaz quanto o que as aves possuem.

OLHOS

Sua visão aguçada se deve ao fato de que seus olhos provavelmente estavam na frente, como os das aves de rapina atuais, e não nos lados. Por isso, acredita-se que ele deve ter sido um caçador habilidoso, embora seja possível que se alimentasse de animais mortos, como ocorre com outros dinossauros carnívoros.

OLFATO

Com base no estudo de seu crânio, acredita-se que o *T. rex* tinha o sentido do olfato muito desenvolvido, por isso era um eficaz buscador de alimentos. Pode ser que ele tenha comido, inclusive, outros tiranossauros mortos que descobria graças ao seu olfato.

DENTES

Sua mandíbula portava dentes cônicos, como se fossem punhais curvos que aparentavam certo desordenamento, pois não eram todos do mesmo tamanho. Os mais longos se destacavam, o que o fazia parecer mais aterrorizante. É possível que sua dentadura estivesse escondida atrás de seus lábios, como ocorre com muitos lagartos atuais, e não descoberta, como nos crocodilos.

REPRODUÇÃO

Ao contrário de outros vertebrados, como os peixes e os anfíbios, os répteis e, portanto, os dinossauros conseguiram se tornar independentes da água para sua reprodução. Foram os primeiros animais cujo embrião se desenvolveu dentro de um ovo com casca dura, que o protegia da perda de umidade, ou dessecamento, e das intempéries do ambiente terrestre.

Vejamos o que ocorre com os anfíbios. Eles habitam em ambientes úmidos, mas para se reproduzirem voltam a algum corpo de água para depositar seus ovos, porque seus embriões não têm a casca dura para se proteger do ambiente seco. Já os répteis, incluindo os dinossauros, depositam seus ovos na terra e, enquanto alguns os abandonam, outros cuidam deles até o nascimento dos filhotes.

CUIDADO COM OS FILHOTES

Embora não tenhamos evidências de como os tiranossauros cuidavam de seus ovos e filhotes, muitos cientistas formulam teorias baseadas na observação do comportamento de outros répteis. Por exemplo, os crocodilos põem seus ovos em ninhos que fazem no solo, cobrem-nos com terra e ficam por perto para garantir que nenhum predador os ataque. Também é possível que os tiranossauros adultos tenham caçado presas para suas crias, mas não existem evidências ainda que confirmem isso.

O estudo dos ninhos fossilizados é útil para entender o comportamento e o desenvolvimento dos dinossauros. Por exemplo, em Neuquén, Argentina, foram encontrados ovos de outra espécie de dinossauro e, em seu interior, foi possível observar os ossos dos embriões.
Em geral, vemos reconstruções de exemplares adultos, mas como eram os filhotes ao sair dos ovos? Eram iguais ou diferentes dos adultos? Talvez novas descobertas e o avanço da tecnologia nos permitam saber mais no futuro.

A PELE DO *T. REX*

Durante mais de 150 anos, os pesquisadores desenterraram muitos restos do *T. rex*. Reconstruíram seu esqueleto, entenderam a forma como se movia e compreenderam como era sua alimentação. Mas qual era realmente seu aspecto?
Para decidir como era cada um dos dinossauros que desenterram e trazê-los de volta ao presente, os pesquisadores se inspiram nos répteis atuais e nas aves.
Acredita-se que a cor dominante das escamas do tiranossauro era o verde amarronzado, talvez porque se pensa que os dinossauros fossem semelhantes a crocodilos ou a lagartos, como o dragão-de-komodo. Mas também há répteis que possuem cores vivas, como o camaleão, que é muito conhecido por mudar sua aparência. Por que não imaginar o *T. rex* com algum traço chamativo em seu corpo? Algumas perguntas que os paleontólogos ainda se fazem são: como era realmente o tiranossauro? Quais eram os detalhes de seu aspecto? De que cor era sua pele? Essas perguntas ainda não têm resposta.

Podemos imaginar que o tiranossauro talvez tenha tido diferentes tonalidades de pele, assim como algumas manchas. Há, ainda, outra questão muito interessante e difícil de resolver: os filhotes se pareciam com os adultos em seu aspecto ou tinham diferenças notáveis?

PARENTE DAS AVES

O *T. rex* pertence a um grupo de dinossauros a partir do qual evoluíram as aves. Há quem acredite que, por isso, mesmo não tendo penas, ele poderia ter tido plumagem em certas partes do corpo. Uma das evidências mais curiosas da relação do *T. rex* com as aves é um osso específico que ambos os grupos compartilham: a fúrcula, que é a união das clavículas dos ombros. Portanto, podemos dizer que o tiranossauro foi extinto, mas de alguma forma permanece na grande diversidade de aves que povoam nosso planeta.

GRANDES AVES DO TERROR

Se observarmos com atenção um avestruz, poderemos notar sua semelhança com alguns dinossauros. Embora seja a maior ave que podemos ver hoje, alguns milhões de anos atrás existia na América do Sul um grupo específico de pássaros conhecidos como aves do terror. Eram aves de grande porte e aparência peculiar. Uma das espécies desse grupo era o kelenken, que, por seu tamanho e sua aparência intimidadora, nos faz reviver o sobressalto, o espanto e o medo que o tiranossauro nos provoca. Essas aves chegavam a medir até 3 metros de altura e a pesar cerca de 160 quilos. Se estivessem próximas de nós, qual seria nossa reação? No nome dado a elas, aves do terror, está a resposta.

TRIVIASSAURA

Depois de ter lido todas as informações deste livro, você conseguirá completar os desafios a seguir e, assim, se tornar um especialista em dinossauros.

1) Ligue o nome do movimento das placas ao respectivo desenho.

Divergência

Convergência

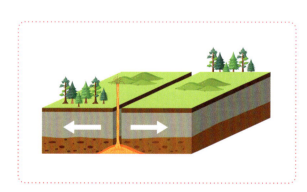

Transcorrência

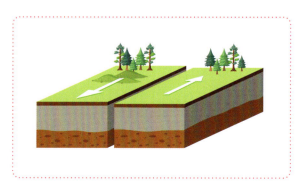

2) Ordene os mapas de 1 a 3 começando pelo mais antigo.

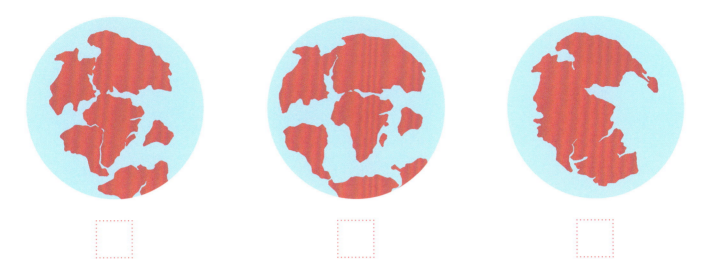

3) Leia as seguintes afirmações e risque a opção incorreta.

a) O clima durante o Cretáceo era mais **quente|frio** do que o atual.

b) Durante o período em que o tiranossauro viveu, havia **maior|menor** concentração de dióxido de carbono na atmosfera.

c) No final do Mesozoico, apenas **um quinto|a metade** do planeta era terra firme.

4) Quais dinossauros são estes? Escreva o nome de cada um e ordene-os de acordo com seu tamanho, do maior ao menor.

5) Assinale as características comuns a todos os dinossauros.

a) São ovíparos, ou seja, se reproduzem por ovos.

b) São bípedes, ou seja, erguem-se em duas patas.

c) São de tamanho grande.

d) Suas patas estão dispostas abaixo do corpo.

e) Todos são carnívoros.

6) Indique qual destas três figuras não é um dinossauro.

1   2   3

7) Indique se as seguintes afirmações sobre o tiranossauro são verdadeiras ou falsas.

a) Era um hábil caçador devido à sua grande velocidade na corrida.

b) Depositava seus ovos na água.

c) Graças à posição dos olhos, tinha uma visão muito aguçada, se comparada à das atuais aves de rapina.

d) Foi extinto há 66 mil anos.

8) Complete as frases a seguir com as palavras correspondentes em cada caso.

a) A _____ é o movimento de placas que originou a separação do supercontinente em continentes menores.

b) Os _____ provêm de animais, plantas e pegadas que têm muitos anos de antiguidade.

c) A _____ _____ _____ foi uma competição entre Charles Marsh e Edward Cope para determinar quem encontrava mais ossos de dinossauros.

9) Ligue cada imagem à descrição correspondente.

1

a) Os restos do animal são substituídos por minerais para dar origem a uma cópia, o que chamamos de fóssil.

2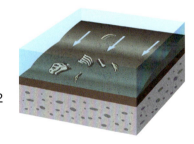

b) Um animal morre perto de algum corpo de água.

3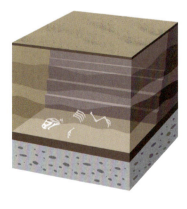

c) Os restos fossilizados permanecem protegidos sob camadas de rochas até que ficam expostos devido aos movimentos da Terra, aos ventos, ao trabalho da água e às escavações.

4

d) Os restos do animal são cobertos com camadas de areia e lama. Aos poucos, sua pele e seus músculos se desintegram.

10) CruciREX

Leia as definições e complete o crucigrama.

1. T _ _ _ _ _ _
2. _ _ _ I _
3. _ _ R _ _ _ _ _
4. _ _ _ A _ _ _ _
5. _ _ _ _ N _ _
6. _ _ _ _ O _ _
7. _ _ _ S _ _ _ _
8. _ _ S _ _ _
9. _ A _ _ _
10. _ _ _ U _ _
11. _ R _ _
12. _ _ _ O _ _ _ _ _ _

1) Tiranossauro significa "rei dos lagartos _____".

2) Estrutura óssea que forma a cabeça.

3) Animal que se alimenta de outros animais.

4) Dinossauro carnívoro que viveu na América do Norte e que possuía dois pequenos chifres sobre os olhos.

5) Nome que se dá ao desaparecimento de uma espécie.

6) Período da era Mesozoica em que os tiranossauros viveram.

7) Dinossauro herbívoro que tinha uma carapaça e uma cauda em forma de marreta.

8) Peças que compõem o esqueleto dos dinossauros.

9) Animais atuais que podem ser considerados dinossauros.

10) Osso próprio das aves que esteve presente no tiranossauro.

11) Significado da palavra *rex* em latim.

12) Pesquisador que estuda os fósseis que ficaram nas rochas da Terra.

11) Responda às seguintes perguntas.

a) Como se chama a era em que o tiranossauro viveu?

b) O tiranossauro tinha a pele de cor verde como a do crocodilo?

c) No Cretáceo, os polos estavam cobertos por grandes massas de gelo?

d) Apenas os ossos de animais são fósseis?

e) Qual elemento característico da composição de asteroides e meteoritos permitiu deduzir que um meteorito colidiu com a Terra há 66 milhões de anos?

f) Os dinossauros conviveram com os humanos?

g) Que lugar o meteorito que ocasionou a extinção dos dinossauros impactou?

h) A era Mesozoica ocorreu há milhares de anos ou há milhões de anos?

i) Em que continente foram encontrados os fósseis do tiranossauro?

j) De que se alimentava o tiranossauro?

12) Caça-palavras

Procure 15 palavras relacionadas com o que você aprendeu neste livro.

N	C	F	U	M	F	K	V	U	L	C	Ã	O	I	V	O	E	M
C	U	O	V	O	U	E	O	Ã	H	B	R	A	Ç	O	S	X	E
A	B	P	M	I	O	L	F	A	T	O	I	N	F	L	U	T	S
R	R	L	X	U	Q	E	C	G	U	I	B	D	K	G	Q	I	O
N	P	A	L	E	O	N	T	O	L	O	G	I	A	Ã	U	N	Z
Í	T	U	Q	U	O	K	A	V	A	S	Y	V	O	B	H	Ç	O
V	Y	T	I	Z	S	E	M	A	N	D	Í	B	U	L	A	Ã	I
O	U	P	A	M	O	N	O	I	D	E	G	L	A	V	A	O	C
R	C	O	N	T	I	N	E	N	T	E	X	A	L	K	E	N	O
O	V	S	A	U	R	Í	S	Q	U	I	O	F	Ó	S	S	I	L

RESPOSTAS

1)
Convergência

Divergência

Transcorrência

2)
2-3-1

3)
As respostas incorretas são:
a) frio
b) menor
c) a metade

4)
anquilossauro (2), velociraptor (3), albertossauro (1)

5)
A e D

6)
2

7)
a) F
b) F
c) V
d) F

8)
a) divergência
b) fósseis
c) "guerra dos ossos"

9)
1-b
2-d
3-a
4-c

10)
1. Tiranos
2. Crânio
3. Carnívoro
4. Albertossauro
5. Extinção
6. Cretáceo
7. Anquilossauro
8. Ossos
9. Aves
10. Fúrcula
11. Rei
12. Paleontólogo

11)
a) O tiranossauro viveu na era Mesozoica.
b) Não se sabe com certeza, mas acredita-se que seja possível.
c) Não, porque o clima do planeta era mais quente do que atualmente.
d) Não, também incluem pegadas e outros restos ou evidências deixadas pelos seres vivos extintos.
e) O irídio.
f) Não, pois os primeiros humanos apareceram há 200 mil anos.
g) México.
h) Há milhões de anos.
i) América do Norte.
j) De outros animais.

12)

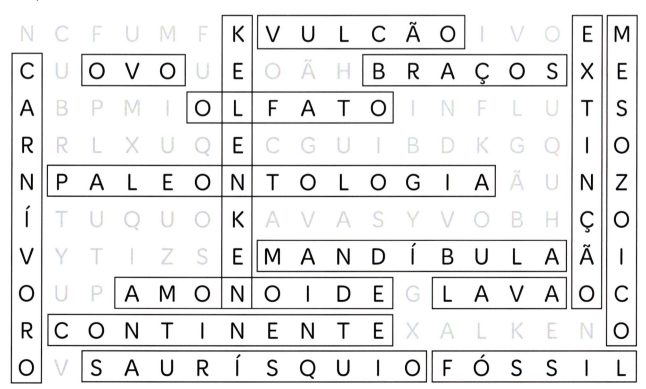

Créditos das imagens:
p. 9, 12, 27: ícone de tiranossauro © Raf Verbraeken en The Noun Project; p. 10, 54: diagramas de movimentos de placas © brgfx en Freepik; p. 14: ícone de conífera © Freepik; p. 15: ícone de vulcão © Freepik; p. 15: ícone de amonoide © Freepik en Flaticon.com; p. 20: ícone de automóvel © Freepik; p. 27: ícone de anquilossauro © UnexpectedDinoLesson; p. 27: ícone de argentinossauro © UnexpectedDinoLesson; p. 27: ícone de tricerátops © aitor en The Noun Project; p. 27: ícone de edmontossauro © Nobu Tamura; p. 27: ícone de ave © creativepack en Freepik; p. 32: ilustração de esqueleto de tiranossauro em comparação com esqueleto humano © William Diller Matthew: Dinosaurs. With Special Reference to the American Museum Collections. New York, 1915; p. 32: foto de Barnum Brown em escavação © Harold William Menke (1871 - 1922). Barum Brown (left) and Henry Osborn (right) at Como-Bluff during the American Museum of Natural History expedition of 1897. At front - limb bone of Diplodocus (AMNH 17808); p. 33: mapa © U.S. General Land Office. Map 11 - Wyoming, Nebraska, Colorado, Kansas, South Dakota. 1878; p. 33: foto de esqueletos de tiranossauros © William Diller Matthew: Dinosaurs. With Special Reference to the American Museum Collections. New York, 1915; p. 33: foto de Othniel Charles Marsh. Library of Congress Prints and Photographs; p. 33: foto de Edward Drinker Cope © Smithsonian Institution Archives, Acc. 11-006, Box 023, Image No. MAH-6812; p. 33: ilustração de esqueleto de tiranossauro © Henry Fairfield Osborn. 1917; p. 33: foto de esqueleto de tiranossauro © American Museum of Natural History, New York. The American Museum journal, americanmuseumjo17amer, c1900-(1918); p. 33: esboço de paisagem de Edward Cope © American Museum of Natural History. AMNH Special Collections, Photographic Negative Collection, 8 x 10: 328228, AMNH Special Collections, RF-16-I: Cope, E. D., R. S. Hill, Frank Hazard, and J. B. Asher. 1872. Diaries.